Wild Amanda

EL PODER
DE LAS
BRUJAS

40 escenas misteriosas
para colorear

LAROUSSE

Wild Amanda

EL PODER
DE LAS
BRUJAS

40 escenas misteriosas
para colorear

LAROUSSE

El color, sobre todo y todavía más que el dibujo, es una liberación.

Henri Matisse

Antes de empezar

¿Sueñas con evadirte e iniciarte en lo sobrenatural? ¿Encontrar a temibles brujas? ¿Invocar espíritus protectores? ¿Descubrir objetos hechizados? Con este cuaderno para colorear, recorre un mundo mágico y misterioso, ¡y domina las fuerzas ocultas!

El principio básico para colorear estas láminas es muy sencillo: gracias a la serie de colores asociados a un número que hay bajo cada ilustración, 40 escenas fantásticas del mundo de la magia irán apareciendo poco a poco. Con tus rotuladores o tus lápices, instálate confortablemente y disfruta de unos momentos de serenidad.

En las últimas páginas del cuaderno se presentan las ilustraciones en color acabadas.

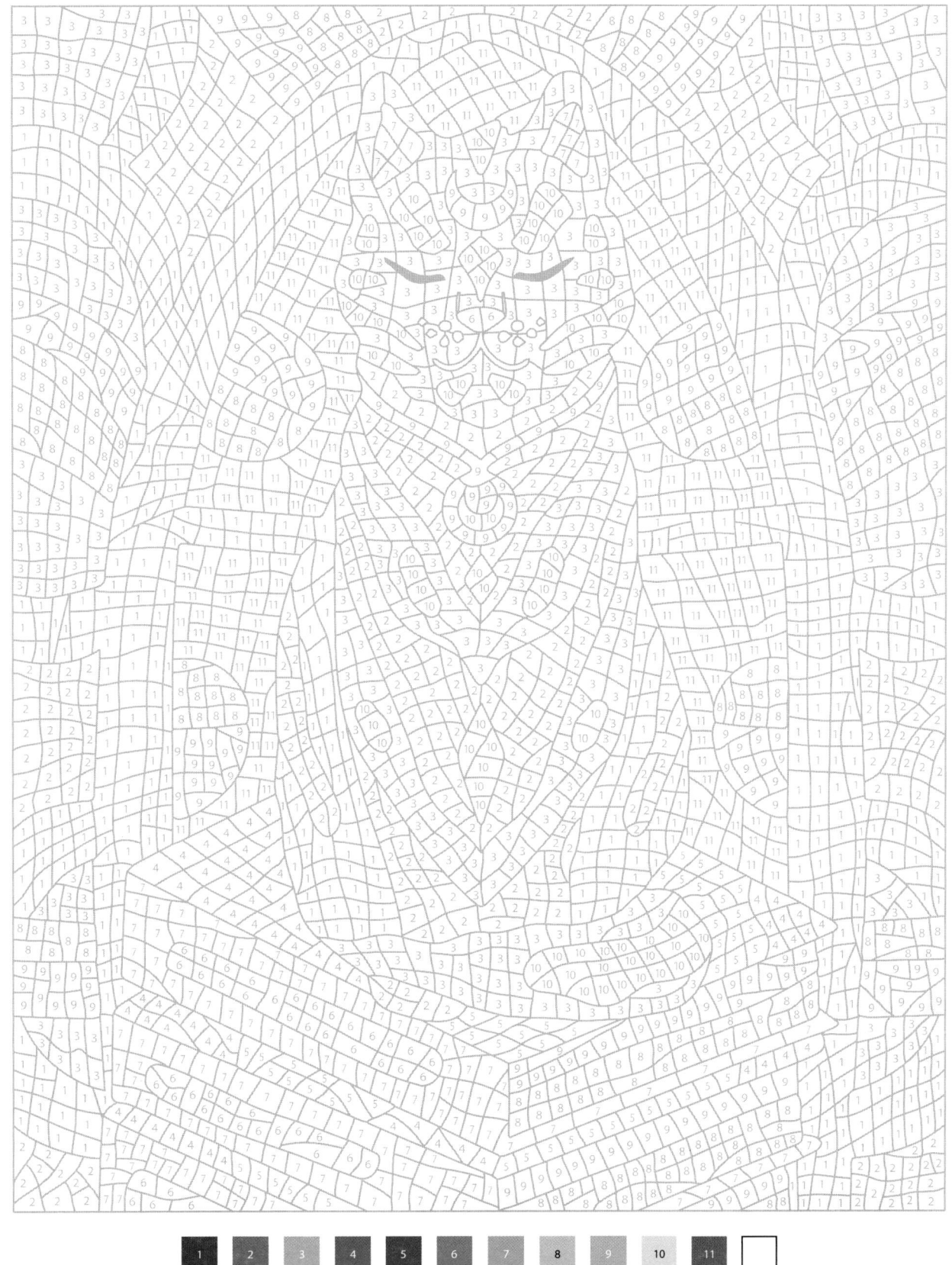

7

11

13

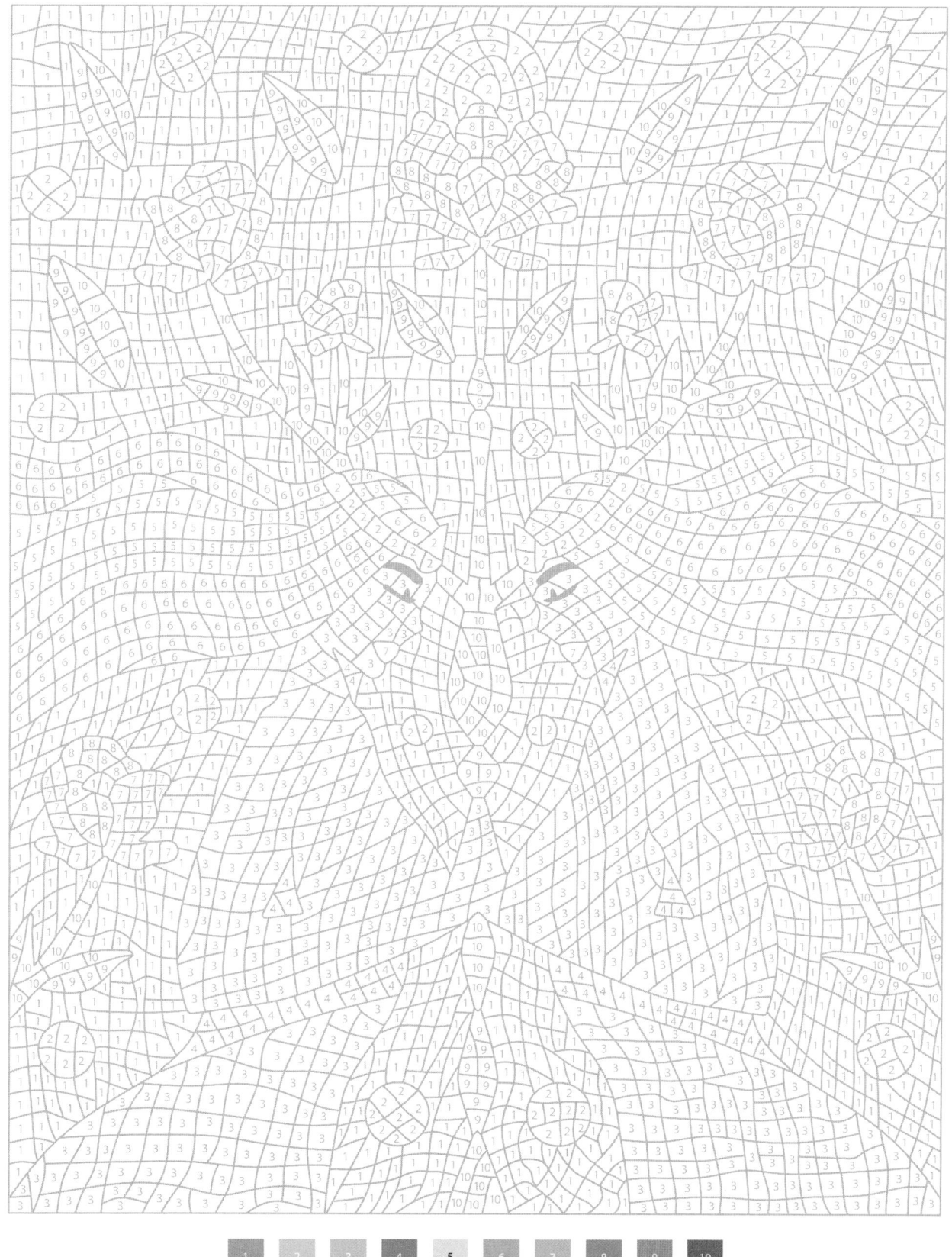

15

17

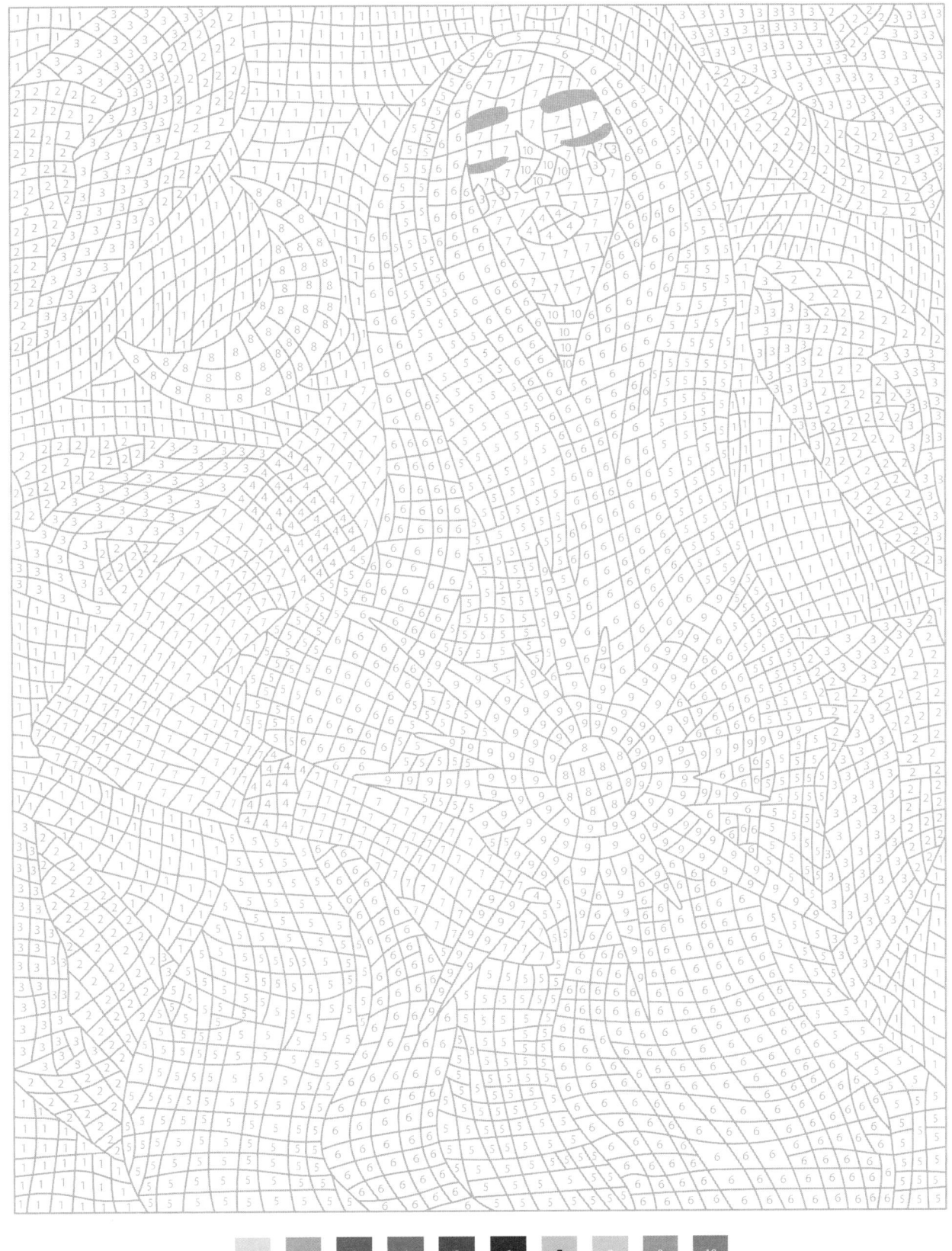

23

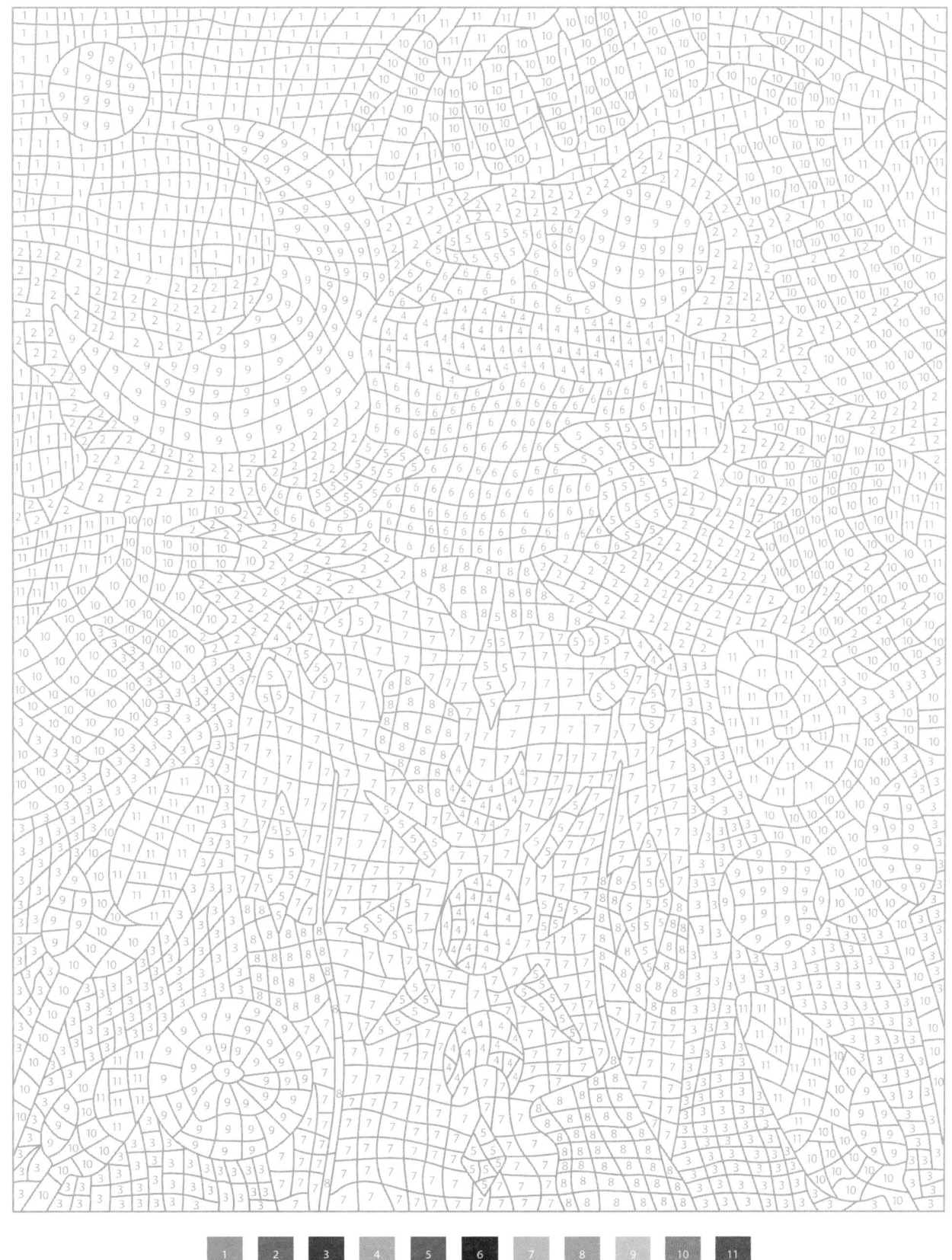

29

31

33

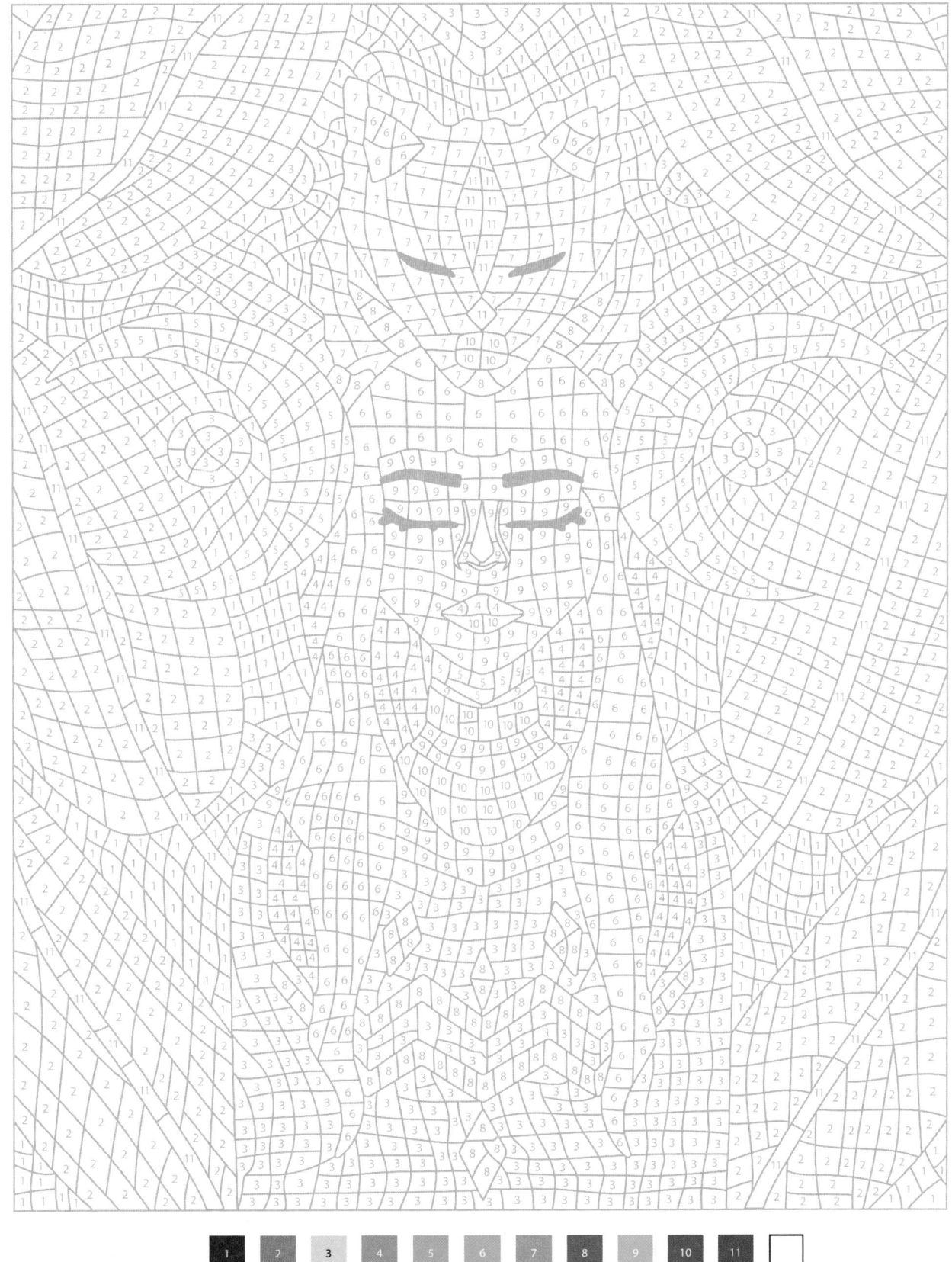

39

41

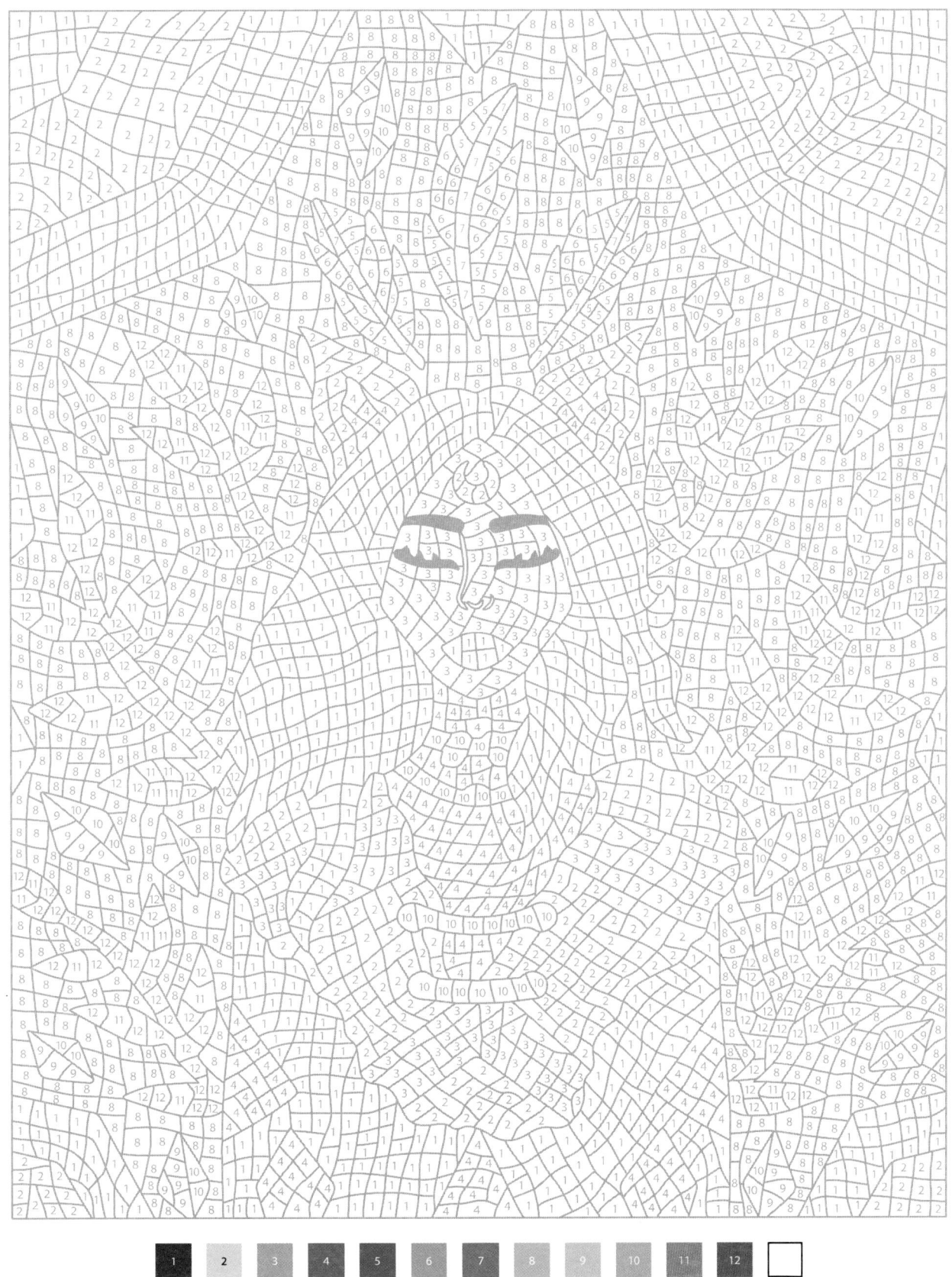

43

45

47

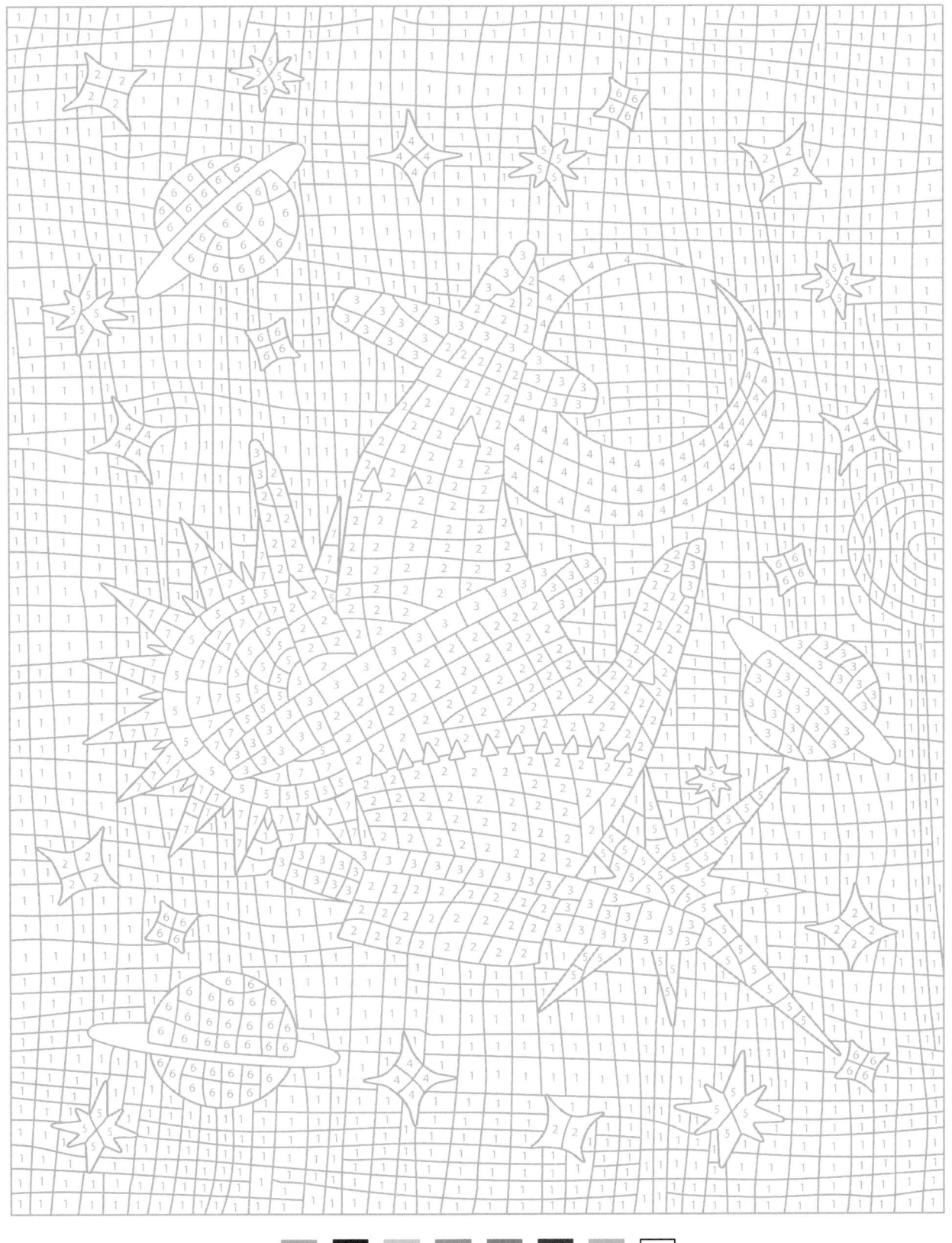

55

63

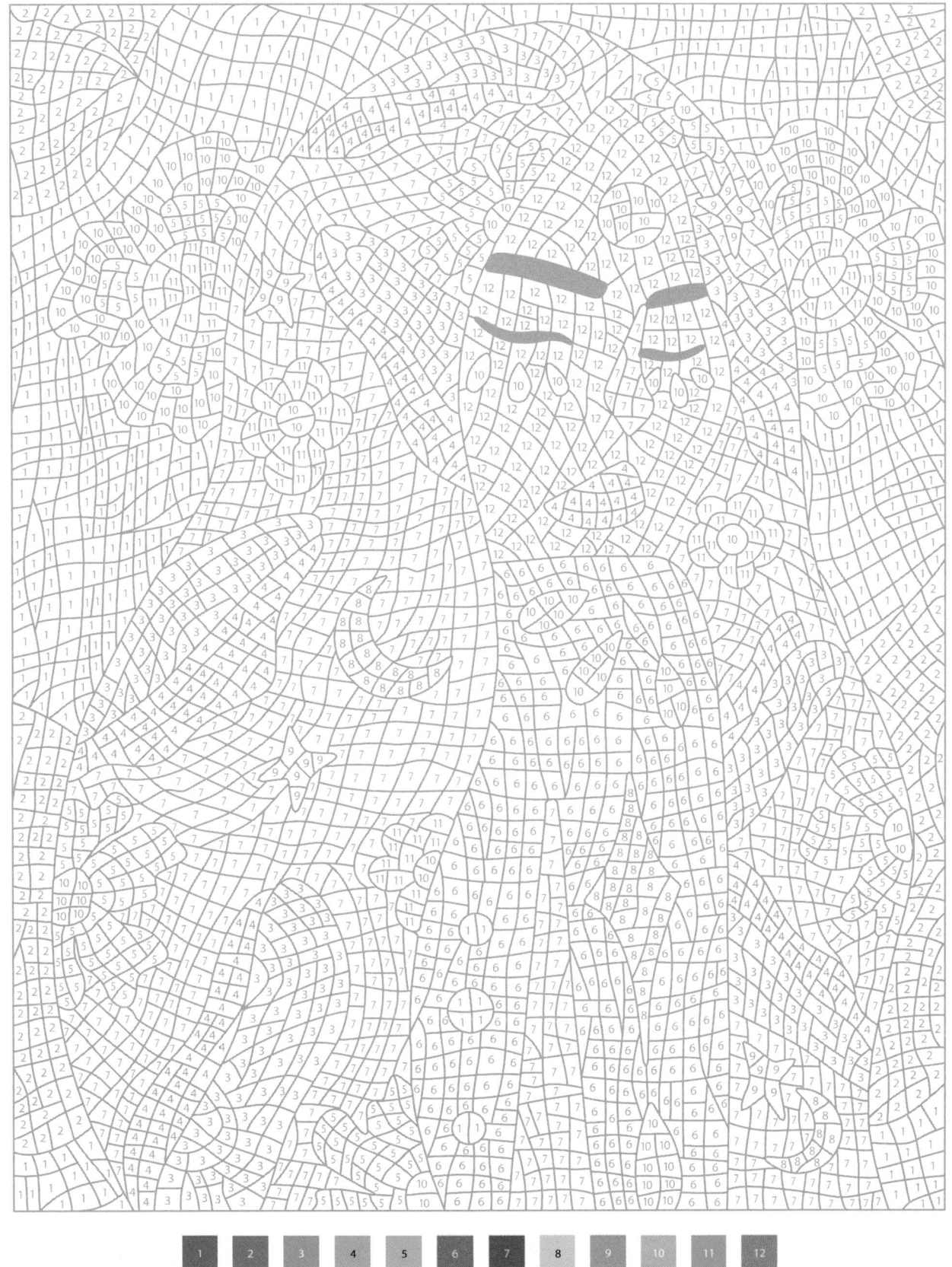

79

81

83

7

9

11

13

15

17

19

21

23

25

27

29

31

33

35

37

39

41

43

45

47

49

51

53

55

57

59

61

63

65

67

69

71

73

75

77

79

81

83

85

EDICIÓN ORIGINAL

Dirección de la publicación:
Isabelle Jeuge-Maynart y Ghislaine Stora

Dirección editorial:
Émilie Franc y Julie Martin

Dirección artística:
Géraldine Lamy

Edición:
Philippine Richard, asistida por Amandine Poste

Cubierta:
Véronique Laporte

Diseño y maquetación:
Loïc Audrain

Realización de las tablas para colorear:
Rachid Maraï

EDICIÓN EN ESPAÑOL

Edición y traducción:
Emili López Tossas

Revisión, maquetación y adaptación de la cubierta:
José María Díaz de Mendívil Pérez

© Dessain et Tolra / Larousse, 2024
© LAROUSSE EDITORIAL, S. L., 2025
Bac de Roda, 64, 1.ª planta, local B, 08019 Barcelona
www.larousse.es - clientes@grupoanaya.com

Primera edición: mayo de 2025
ISBN: 979-13-87520-26-7
Depósito legal: B-3717-2025
1E1I

PAPEL DE FIBRA
CERTIFICADA